खुद से गुफ़्तगू

दिल की बातें

लेखिका

चांद (अस्मिता सिंह)

notionpress.com

INDIA • SINGAPORE • MALAYSIA

ISBN
Paperback 979-8-90510-912-6
Hardcase 979-8-90540-302-6

समर्पण

यह **किताब** उन सभी

एहसासों के नाम,

जो कभी **कहे** नहीं गए,

जो **दिल** में ही रह गए,

और उन **लोगों** के नाम,

जिन्होंने मुझे **महसूस**

करना सिखाया।

भूमिका

कभी प्यार में डूबी, कभी टूटे दिल की खामोशी में खोई,
तो कभी जिंदगी के संघर्षों से जूझती हुई,
ये किताब मेरे उन्हीं एहसासों का आईना है।

"गूफ्तगू"
सिर्फ शब्दों का संग्रह नहीं,
बल्कि उन जज़्बातों की कहानी है।
जो हम सब अपने अंदर कहीं छुपा कर रखते हैं।

इसमें आपको प्यार मिलेगा,
टूटन की चुभन मिलेगी,
एक औरत की ताकत और उसकी खामोशी मिलेगी,
और समाज के कुछ अनकहे सच भी।

अगर इन पन्नों में आपको कहीं अपना अक्स दिखे,
तो समझ लीजिए—
ये "गूफ्तगू" सिर्फ मेरी नहीं, हमारी है।

अनुक्रमणिका

क) इश्क-प्यार की मिठास और उसके एहसास

अनुक्रमणिका

ख) टूटन-टूटे दिल की खामोशियां

अनुक्रमणिका

ग) जिंदगी-संघर्ष, उम्मीद और हौसला

अनुक्रमणिका

घ) स्त्री-एक औरत की कहानी, उसकी ताकत

ड़) मिश्रित कविताएं-अंतिम पड़ाव

इश्क

प्यार की मिठास
और उसके एहसास

तुम क्या हो मेरे लिए

तुम क्या हो मेरे लिए क्या कहूँ...
कभी लगता है तुम सा कोई नहीं
कभी लगता बस तुम और कोई नहीं
तुम्हारा गुस्सा भी प्यारा तुम्हारा प्यार भी प्यारा
तुम्हारे मासूम से चेहरे में पूरा संसार है हमारा...

तुम आखिरी एहसास हो मेरा

तुम ख़्वाब हो मेरा, तुम आखिरी एहसास हो मेरा,
जहाँ मैं आके हर बार ठहरु वो ज़मीं वो फलक आसमान हो मेरा।

तुम्हारी पलकें ये आँखें चिराग हैं मेरा,
मैं जब भी खो जाती हूँ अंधेरे में तो ये आफ़ताब है मेरा।

तुम जब भी करीब आओ दिल धड़कता है मेरा,
तुमसे दूरी पे मन फड़कता है मेरा।

क्या कहूँ तेरा चेहरा शब्द है मेरा,
जो तू रखे अपने हाथों को मेरे हाथों में तो
दुनिया में सिर्फ मोहब्बत एक शब्द है मेरा।

तेरी आँखों से अगर आँसू गिरें तो सब तार-तार है मेरा,
एक सिर्फ तू ही जिसके लिए हर वक्त सब आर-पार है मेरा।

ये इश्क़ बला क्या है

कोई पूँछ रहा था कल मुझसे ये इश्क़ बला क्या है,
क्या ये शांति है या कोई रजा सा है|

मैं हँसती मन में बार-बार और दोहराती एक ही बात,
यारा ये मस्त सज़ा सा है।

जब सब लुटता जाए दिमाग तुम्हें रुकने को मनाये,
पर फिर भी लुटने में मज़ा आये|

जहां परिस्थितियों उथल-पुथल मुश्किलों का पुल बन जाये
और उस पुल पर रोते हुए चलने में भी दिल मुस्कुराये।

जहां उसके मिलने की आस नाम मात्र की
पर फिर भी रोज उसे ही गुनगुनाये|

जहां दुनिया कह कर हार गई हो वापस आ जा
वरना मरेगा पगले पर दिल वही राह चले जाएं|

जहां हम खुद भी जाने की जान जानी है पर ज़िद इतनी कि
मर के भी जान बस उसे ही बनाना है ये मजहब बन जाये|

जब परिस्थितियाँ विपरीत मन बेचैन हो जाये
पर इन सब के बाद भी सुकून इतना कि आत्मा भी नतमस्तक हो जाये...

बस यारा इश्क़ इतनी छोटी सी बला है जो सज़ा हो के भी मजा है।

उससे मिले और ऐसे मिले

उससे मिले और ऐसे मिले की बेहिसाब मिले
पर वो पागल इतना है कि उसे लगा बैठा की हम
हर किसी से यूँ ही बार-बार मिले
हँस बैठते है हम ये सोच के की उसे कौन समझाए
कि बस वो ही है जिसे हम दिल खोल बार-बार मिले
बाकियों से मिले पर यूँ न एक भी बार मिले।

दिल को सुकून आता कहाँ है

वो नाराज़ हो तो दिल को सुकून आता कहाँ है,
उसकी कमी हो तो इस दिल को कुछ भाता कहाँ है,
वो मेरे दिल के कोरे कागज़ पर लिखी एक ही स्याही है,
वो मिट जाए तो जिंदगी की कोई आशा कहाँ है ।।

क्या मसला-ए-ज़िंदगी है

ये क्या मसला-ए-ज़िंदगी है..

तेरी 'ना' भी दर्द देती है और तेरी 'हाँ' भी दर्द देती है...
फिर भी एक तेरा दीदार, मेरी हर तकलीफों का मर्ज देती है।

कहाँ मालूम था कि इश्क होता क्या है

हमें कहाँ मालूम था कि इश्क होता क्या है...
बस एक तुम मिले और ज़िन्दगी मोहब्बत बन गयी।
अब इस मोहब्बत को ताउम्र रखना चाहती हूँ....
तुम यू ही मुस्कुराते रहो फ़क़त इतनी सी ख्वाहिश है अब मेरी।

मैं भागू कितना भी

मैं बादल बन जाऊँ
तुम बारिश बन जाना ....
मैं चाहत बन जाऊ...
तुम आशिक़ बन जाना....
मैं अगर नफरत भी बन जाऊ ना..
तो तुम मेरी आदत बन जाना...
मैं भागू कितना भी ....
तुम मेरे दिल की राहत बन जाना ।।।

मेरे रूह को आजादी दे दी

तुम मेरी वो बंदिश हो....
जिसने मेरे रूह को आजादी दे दी....

उलझे रहना भी तो इश्क़ ही है

लड़ झगड़ कर ही सही पगले.....
तुझसे उलझे रहना भी तो इश्क़ ही है ....

बड़े सीधे साधे हो

सुनो तुम बड़े सीधे साधे हो ...
लगता है मेरी उलझन बढ़ने वाली है....
मुझे देख यू सच ना बोला करो तुम
तुम्हारी इन बातों से मेरी धड़कन रुकने वाली है....

मिले तुम तो कुछ कमाल हो गया

यू तो सबसे हम दिल लगाते नही है
किसी को इतना सताते नही है
हर किसी को देख मुस्कुराते नही है
वक़्त सबके साथ बिताते नही है
पर मिले तुम तो कुछ कमाल हो गया
इस पत्थर से दिल मे भूचाल हो गया
तेज चलने की जगह हम ठहरने से लगे
तुम्हारी बाहो में बिखरने से लगे
जो बोला ना किसी से कभी सब बोल बैठे
तुम्हारी एक हँसी के लिए हम सब छोड़ बैठे
अपनी सारी तन्हाई बांधी एक मुठी में
और चुपके से आके मुट्ठी तुम्हारे आगे खोल बैठे
ना सिकवा रहा ना शिकायत रही
तुम मिले इस बात की दिल को राहत रही
जिंदगी छीनती रही एक एक करके मुक्कमल जहाँ मेरा
और हमे सिर्फ तेरे साथ कि चाहत रही
ना की शिकायत जिंदगी से मैने
ना तुझसे अब कोई शिकायत है
तू मिला हम मुकमल हुए
तू रहा हम तेरे कायल हुए
तुझसे इश्क़ हुआ हम शायर हुए
तू जाएगा तो हम घायल हुए
तू अगर मिल गया तो हम पागल हुए।।।।

मैं भागती रहती हूं

वो मासूम है इतना कि दिल उसपे बार बार आ जाता है ...
मैं भागती रहती हूं उससे फिर भी ना जाने क्यों प्यार आ जाता है ....
भरोसा करना नही चाहती पर फिर भी ऐतबार आ जाता है.......
शिकायत बहुत है उसको मुझसे पर फिर भी दिल को करार आ जाता है ।।।।

तुम बिन जिंदगी थम गई है

मुझे ख्वाब आते है तुम्हारे मेरी नींद गुम गयी है.....
और कितना सताओगे मुझे तुम बिन जिंदगी थम गई है......

सालो से बंजारे थे हम

काफी सालो से बंजारे थे हम .....
तुम्हारी आँखों को देखा तो घर मिल गया.....
तुम्हे खुदा लंबी उम्र दे....
तुम्हारी मुस्कान में मुझे सब मिल गया....

वादा है ख्याल रखेंगे

मेरे पास छोड़ जाओ
खुद को इस बार तुम.......
वादा है ख्याल रखेंगे
तुम्हे हर पल सांसो के पास रखेंगे.....
तन्हाई तुम्हारे पास भी ना आये ऐसा इंतजाम रखेंगे ...
इस बार खुद को छोड़ जाओ मेरे पास......
सच कहती हूं तुम्हारी खुशियों का खुद से भी पहले ख्याल रखेंगे.....

तुझे अपना "हमदम" लिखा

मैने "मैं" लिखा मैने "तुम" लिखा ...
लिखते लिखते कुछ यूं लिखा ...
की इस "मैं" और "तुम" को "हम" लिखा ...
और तुझे अपना "हमदम" लिखा ...||

सामने बैठे रहो

सामने बैठे रहो दिल को करार आएगा,
जितना देखेंगे तुम्हें उतना प्यार आएगा |
तुम ये अदाए यू ही बिखराते रहे न यार ....
तो ये कमबख्त दिल तुम्ही पे बार बार आएगा....।।

दूर का सफ़र है

दूर का सफर है, मुश्किलो की डगर है ...
तुम साथ दो तो ये भी कट जाएगा...
यू ही साथ चलते रहे तो ये धुंध जल्द ही छट जाएगा..

अपनी हार मान लेते हैं

पहले झगड़ते थे हर एक बात पर
अब खामोशी से अपनी हार मान लेते हैं।
गुस्से से भी अगर तू वार्तालाप कर ले मुझसे
उसे ही अपने हक का हम प्यार मान लेते हैं।
साथ दोगी उम्र भर बस इतनी सी बात कह दो
चलो इसे ही तुम्हारा इजहार मान लेते हैं ॥

मैं तो शायर हूँ

मैं एक किताब लिख रही हूँ
और मुस्कुराकर उसको अपने साथ लिख रही हूँ
वो पागल है इतना कि समझता कुछ नहीं है
इसलिए उसके सामने चुप्पी और पन्नों पर जज्बात लिख रही हूँ
कोई इस नासमझ को समझाओ कि इशारे समझा करे

मैं तो शायर हूँ खुलकर कैसे बोलूँ
इसलिए दिल के हालात लिख रही हूँ
उसे बस इतना पढ़ा लिखा बना दो
कि मेरी आँखें पढ़ सके वो
रब के आगे आजकल यही फरियाद लिख रही हूँ...|

क्या मुझसे इतना प्यार कर पाओगी

मैं गलतियों का पिटारा अनाड़ी अल्हड़ बंजारा हूँ
अपनी धुन में रमा हुआ पंछी आवारा हूँ
हो सकता है मेरा प्रेम तुम्हे बंजर कर दे
कहो उस बंजर में प्रेम की बारिश ला पाओगी
मेरे हाथों में हाथ रखो और कहो प्रिये
क्या तुम मेरे इस भटकते ह्दय को अपने पास ला पाओगी|

हो सकता है मेरी तपिश तुम्हे जलाने लगे
क्या तुम उस वक्त मुझे गले लगा के बरसात ला पाओगी
मैं बहुत टूटा सहमा बिखरा हूँ
क्या तुम मेरी रूह को खुद से बांध कर विश्वास ला पाओगी
जब मैं इस दुनिया से हार जाऊंगा क्या तुम
अपने कांधे पे मेरा सर रख कर रण की कमान थाम पाओगी|

क्या तुम बिना मुझपे उंगली उठाये मुस्कुरा के
मेरे जय पराजय में सहभागी बन पाओगी
मैं बहुत जज्बाती हूँ प्रिये कभी अश्रु बहाये तुम्हारे आगे
कहो तुम मेरा मस्तक चूम मेरे अश्रु को सीने से लगा पाओगी
जब कभी मैं विफल हुआ अपने रिश्ते में
क्या तुम मुझे मेरी गलती समझा पाओगी |

कभी मैं ज़िद करूँ न समझूँ अपनी गलती को
क्या तुम उस वक्त धैर्य ढाढ़स बंधा पाओगी
मैं तुमसे औरों की तरह बड़े वादे नहीं कर पाऊंगा
मैं चाँद नहीं ला पाऊंगा बोलो क्या तुम मुझ संग
धरा पर बैठ गहरी काली रातों में चाँद निहार पाओगी।

देखो प्रिये मैं धरा का वासी हूँ मैं तारे चाँद
कैसे लाऊंगा क्या तुम मेरे इस सच को स्वीकार पाओगी
क्या तुम मेरी इन कमियों के बावजूद मुझे अपना स्वाभिमान
और अभिमान बना पाओगी
प्रिये क्या तुम ये सब जानकर मुझे अब भी स्वीकार कर पाओगी
सच कहो क्या मुझसे इतना प्यार कर पाओगी।

टूटन

टूटे दिल की खामोशियां

सजदे में सर झुकाते हैं

लिखते हैं, मिटाते हैं,
हम खुद को कितना सताते हैं,

मुझे पता है तुम अब नहीं आओगे,
फिर क्यों लिख-लिख तुम्हें बुलाते हैं,

ये सब जानते हैं कि तुम क्या हो
और एक हम हैं जो तुम्हें फरिश्ता समझ,
हर रोज सजदे में सर झुकाते हैं||

आजमाने आए हो

शक्ल दिखाने आए हो,
फिर रुलाने आए हो,
अब और क्या ले के जाओगे,
फिर क्यों आजमाने आए हो।

इन रातों का क्या करूँ

ये दिन तो गुजर जाता है तेरे बिना,
पर इन रातों का क्या करूँ,
ऐ खुदा रहम कर मुझपे बस इतना बता दे
मैं इन जज्बातों का क्या करूँ।

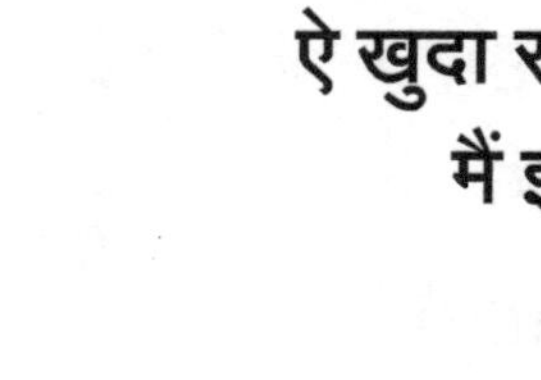

मुकर जाईयेगा

आज ज़िंदगी तुझसे यह सीखा कि चैन से जीना हो तो ....
मोहब्बत भी हो तो दगा कीजियेगा और मुकर जाईयेगा.....
किसी के बिन जीना मुहाल भी हो तो,
कभी उसको यह एहसास न दिलाइयेगा....
यादें कितनी भी सतायें पर फिर लौट के वापस न जाईयेगा..।|

यहाँ कोई इंतजार नहीं करता

ये मोहब्बत का काफिला है यारों
यहाँ हाथ थामे चला करो....
हाथ छूटने पे यहाँ कोई इंतजार नहीं करता
और बस कर ये जन्मो की बातें - वातें
आजकल ऐसी बातों पर कोई ऐतबार नहीं करता।

एक दिन मर जाऊँगी

कितनी परछाइयाँ उभरती हैं इन भूली-बिसरी यादों में,
कितनी तन्हाइयाँ उभरती हैं इन बिन मौसम बरसातों में.....
कितने चेहरे हैं ज़हन में कही दबे हुए
कितनी ठिठोलियाँ हैं आँखों की कब्र में सजे हुए
अगर गिनने लगी तो मैं थक जाऊँगी
और अब न भूली इन यादों को तो सच में एक दिन मर जाऊँगी।

यह कोई तरीका नहीं होता है

प्यार उतना ही करो गैरों से, जितना हर रोज़ निभा सको..
यूँ रिश्तों में पल-पल बदल जाना, यह कोई तरीका नहीं होता है...|

वो हमें समझता है

नाज इस बात का था हमें की वो हमें समझता है...
जब सब छूटा तो समझ आया बस वही मेरी नासमझी थी...।
गुरूर था कि गिरे तो संभाल लेगा वो...
हँसी तब आयी जब उसने कहा तुम्हारा गुरूर ही तुम्हें ले डूबेगा।

प्रेम एक धोखा है ख़ुद से

मैं गिरती थी संभलती थी, भागती थी रोती थी ..
पर इन सब के बावजूद चैन से सोती थी ..|
अब तेरी याद ये सवाल जवाब ये बेचैनी तेरा शक मेरा प्यार,
तेरा रुठना मेरा मनाना मुझे कुछ पल खुशी तो देते हैं
पर अब चैन की नींद नहीं आती....|
कुछ थी मैं कुछ बनना चाहती थी पर यूँ लगता हैं
मैं सिर्फ तेरी बन कर रह गयी
अब बचपन याद आता है तो ख्याल आता है
कुछ और भी बनना था...|
पर यार मैं सिर्फ तेरी बन के रह गयी
और अब लगता है तुझे भी पता चल गया
मैं सिर्फ तेरी बन कर रह गयी.....|

किस बात की सज़ा है ये

किस बात की सज़ा है ये
तुझपे किसी ने कोई दबाव बनाया या तेरी रजा है ये ...
तू यूँ तो न था कभी मेरे हमसफ़र ....
भटक गया है या कोई और वजह है ये ......
अगर जाना चाहता है तो जा, बस इतना बता जा ...
"किस बात की सजा है ये कोई दबाव है तेरे ऊपर या तेरी रजा है ये"... ।।।

हँस के ये बहाना छोड़ दिया

जबसे टूटे हम अंदर से, और कतरा-कतरा जोड़ लिया,
तबसे हमने रोना-धोना सब छोड़ दिया।

जब ना आया कोई मेरे करीब दर्द में चिल्लाने पर,
तबसे मैंने ये दिल लगाना- वगाना छोड़ दिया।

जबसे चुभने लगी ये मुस्कुराहटें मेरी इस दुनिया को,
मैंने कहीं आना-जाना छोड़ दिया।

मुझे जब ये लगने लगा तुझे बड़ी तकलीफ है मेरी यादों से,
मैंने तेरी यादों में आना-जाना छोड़ दिया।

सुनो तुम कैसे हो ये जानने अब नहीं आऊंगी मैं कभी,
मैंने कल ही हँस के ये बहाना छोड़ दिया।

कितने नादान थे हम

बड़े दिन हुए तुझे देखे, तुझे जाने ओ जाना,
हमने सोचा हम भूल बैठे होंगे वो ज़माना।
पर कितने नादान थे हम ये बस अभी है जाना...
जब आज निकले तेरे घर के बगल से लेके नया बहाना।

तुझे पता है आज भी वो गली बेचैन करती है,
कहीं तू फिर एक झलक दिख जाए,
तेरी ये झलक ही बस दिल में चैन करती है...
आज खड़ी थी फिर तेरे घर के बगल में मैं |

आज फिर नज़रें छुपा-छुपा के तेरे कमरे की खिड़कियों का दीदार किया,
पर आज तू ना आया खिड़कियों पे अब सोचती हूँ
कितनी पागल हूँ मैं क्यों इतना प्यार किया...|

तू हँसेगा अगर मैं कहूँगी तो, मैंने आज भी तेरा इंतज़ार किया...
मेरी साँसे काँप रही थी ये सोच के कि तुझे देखूँगी तो कैसे रोकूँगी मैं खुद को
अच्छा हुआ तू नहीं आया वरना तुझे लगता कि ये
कैसी पागल है समझती ही नहीं क्यों इसने मुझसे इतना प्यार किया।

कभी कभी सोचती हूं

कभी कभी सोचती हूं ये हमे मोहब्बत नही होनी चाहिए थी......
होनी भी थी तो ऐसे नही होनी चाहिए थी.......
चलो ऐसे हो गयी तो तुमसे नही होनी चाहिए थी ...
चलो तुमसे हो गयी तो तुम्हे हमसे न होनी चाहिए थी..
हम से भी हो गयी तो फिर तुम्हे किसी और से नही होनी चाहिए थी ...
और किसी और से हो गयी तो कमबख्त
ये दुनिया में मोहब्बत ही नही होनी चाहिए थी....

ख़्वाब हो गए

कल तक जीते रहे जिस हकीकत को तुम्हारे साथ हम..
आज नींद से जागे तो वो ख्वाब हो गए ......
कल तुमने वादा किया था साथ अंत तक निभाने का..
अब खुद पे हँस रहे है हम जब तुम पहली मुसीबत पे ही फरार हो गए ....

हम निकले घर से

हम निकले घर से जब भी कोई इरादा लेकर ...
हर बार तू मिला राह में नया वादा लेकर ...

एक छोटी सी गल समझाने में

मुझे सदिया लगी उसे एक छोटी सी गल समझाने में....
कि मेरे ना का मतलब भी ना ही होता है नादान फिर भी ना समझा......

तुम्हारी फ़िक्र बहुत होती है

तुम तो जानते हो हम दोबारा किसी से कुछ कहते नही है ....
कोई न सुने तो हम भी पलट के सुनते नही है.....
बस तुम्हारी फ़िक्र बहुत होती है वरना बार बार
एक ही गलती हम सहते नही है......॥

वक़्त रोकना चाहा था

वक़्त रोकना चाहता था मुझे तेरी जुदाई से....
इन गमो से और ज़िन्दगी भर की तन्हाई से.....||

सच तुझे भी मालूम है और मुझे भी

ये झूठी हँसी, ये खुशी का दिखावापन जला के क्या कर लेगा मुझे......
सच तुझे भी मालूम है और मुझे भी झूठी चीज़े जता के क्या मिल जाएगा तुझे..

समझ लो दिमाग से

दिल का तो ऐसा है साहब की कितना भी समेटो वो बिखरेगा.....
समझ लो दिमाग से क्योंकि ये दिल तो पक्का एक दिन मुकरेगा ....।।।

डर लगने लगा है अब खुद से मुझे

डर लगने लगा है अब खुद से मुझे......
कल तक तो तू आदत था अब मुस्कुराहट जो बन गया है......

आँसुओं की भाषा

हम बोलते नही.....
खुद को हर किसी के सामने खोलते नहीं......
पता नही किस रब से मांगा है तूने मुझे हम तेरे सिवा कुछ सोचते ही नही...
देख हम जैसे है वैसे है ये तू भी जानता है......
मेरे इन आँसुओ की भाषा की कदर कर यार....
हम तेरे सिवा किसी और के आगे इस भाषा मे बोलते ही नही ।।।

जबसे खोया है तुमको

बहुत अजीब हादसा हुआ है.....!!!!
जबसे खोया है तुमको.......
तुम मुझे हमेशा के लिए मिल गए ||

इतना मुश्किल भी नहीं

इतना मुश्किल भी नही जिंदगी में आगे बढ़ जाना...
सारी मुश्किल तो इस याददाश्त की है.
सब कुछ भूल जाना चाहती थी मैं ...
पर सारी कमी कम्बखत इस याद की है ।।।।

दम घुट रहा था तेरी यादों से

दम घुट रहा था तेरी यादों से मेरा इसलिए कल
रोये हम और रूह को कुछ यादें ताज़ी दे दी.....
सारे परिंदो को खोल दिया पिजड़े से
और एक एक कर सबको आज़ादी दे दी......

कोई पूछे कौन हूं मैं

अगर कभी तुझसे कोई पूछे कौन हूं मैं.....
हँस कर कह देना कुछ खास नही.......
बस एक बंजारी सी लड़की है......
जो अब पागल-पागल फिरती है ....

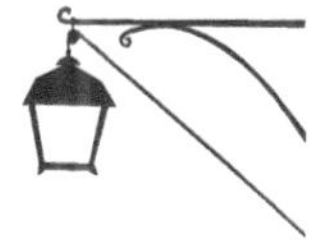

उन्हें मेरे अलग होने पे नाज़ है

बड़ी हास्यप्रद कहानी है ये.....
जो ये कहकर मेरे हुए थे कि उन्हें मेरे अलग होने पे नाज़ है....
आज उससे अलग मुझे ये मेरा अलग होना ही कर गया....

खफा है

खफा है खुद की जिंदगी से
जीना खुद का दुश्वार करते हैं
दोस्तों से उम्मीद रखते हैं
हम भी क्या कमाल करते हैं।

यूँ तो आलम है बेखुदी का
इसमें भी ढूँढा हम ऐतबार करते हैं
कि कोई प्यार से गले लगा ले
अपनों को छोड़ दूसरों से आजकल हम ये फरियाद करते हैं।

माना कि जख्म खाए हैं बहुत जिंदगी से
पर अब भी प्यार का इंतजार करते हैं
यूँ तो कहने को अब रहा ना कुछ तेरे मेरे दर्मियाँ
पर अब भी भरी महफिल में तेरे ही नाम पर ऐतबार करते हैं |

धोखे के सिवा तूने दिया ना मुझे कुछ और
पर इस तोहफे के लिए भी हम शुक्रगुजार करते हैं
तेरे दिल में रहना चाहते थे
इसलिए तो अभी तक तेरा इंतजार करते हैं।

जिंदगी

संघर्ष, उम्मीद और हौसला

ज़िन्दगी की मंजिल और रास्ते

तू मंजिल तो देती नहीं है ऐ ज़िन्दगी,
कैसे कहूँ कि मुझे ये तेरे रास्ते अच्छे नहीं लगते,
मैं इस दुनियादारी का क्या करूँ,
मुझे अब लोग सच्चे नहीं लगते...
मेरे दर्द का कुछ इलाज कर,
मुझे अब रिश्ते पक्के नहीं लगते।

मौन हूँ मैं

बहुत शोर है दिल में पर मौन हूँ मैं,
आज फिर वही सवाल आखिर कौन हूँ मैं ??

बड़ी शौक़ से

बड़ी शौक़ से ज़िन्दगी को लुटा रहे हैं हम,
हर पन्ने से स्याही मिटा रहे हैं हम,
जब से खुद की शख्सियत पे शक हुआ है हमें,
रोज़ खुद को बहुत सता रहे हैं हम। (1)

रातें ज़ख्मी हो गयी हैं दिन कुछ नाराज़ से हैं,
हम चुप तो हैं पर बड़े नासाज़ से हैं,
दर्द गहरा है सारे चोट लहूलुहान से हैं,
हमें कोई रोक ले आजकल बड़े परेशान से हैं। (2)

शौक़-ए-ज़िंदगी कल कोई पूछ रहा था मुझसे
उसे बोलो ज़रा रुके अभी एकांत में हैं हम,
ज़िंदगी से जंग छिड़ गयी है
अब समझो घमासान में हैं हम। (3)

कल आये थे आंसू मुझे मनाने मेरे,
मैंने भी हँस के बोल दिया चल पागल
अभी जंग -ए- मैदान में हैं हम। (4)

मैंने खुद की ज़मीन ही बेच दी

आज ठोकर लगी शौहरतों को मेरे, तो होश आया,
मैंने एक घर बनाने के लिए खुद की ज़मीन ही बेच दी।
जब दर्द से रो रही थी तकिये पर मैं अपने, तो ख़बर आई,
मैंने एक नौकरी के लिए इस ज़िंदगी का सुकून ही बेच दी।

माँ

कैसे बताऊं मैं आपको, हर रोज़ खुदा से मन्नत मांगी मैंने।
कैसे विश्वास दिलाऊं मैं आपको, माँ मुझे मिले या न मिले,
पर आपके लिए जन्नत मांगी मैंने।

मेरा खुदा जानता है

जो भी इस शहर से गुजर रहा है,
वो इसी घर से गुजर रहा है।
कैसे कह दूँ मैं ये कि मेरा दर्द बेइंतहा है,
जबकि मुझे इस बात का इल्म है कि हर बंदा,
इसी दौर से गुजर रहा है,
जिसे जो कहना है कहने दो,
फर्क नहीं पड़ता,
मेरा खुदा जानता है
बंदा किस दौर से गुजर रहा है।

ऐ ज़िंदगी, बोल ना

तुझसे हार जाऊँ या जीत जाऊँ?
सब छोड़ दूँ या गुंथ जाऊँ?
भाग जाऊँ या अब रुक जाऊँ?
टूट जाऊँ या जुड़ जाऊँ?
तू चाहती क्या है ऐ ज़िंदगी, बोल ना!!
अब क्या मैं तुझसे भी रूठ जाऊँ??

किसी को सौम्य न समझिए

राख को मत कुरेदिये, कहीं ज्वाला न निकल आए,
हर किसी को सौम्य न समझिए,
कहीं किसी से विष का प्याला न निकल आए।

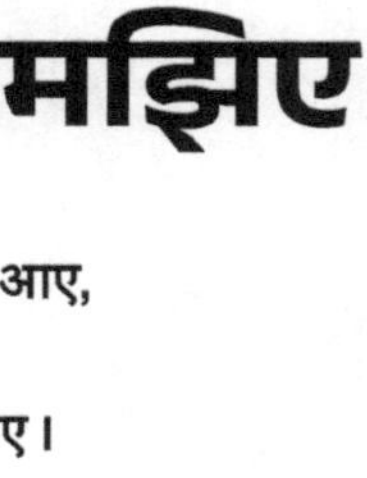

कोई ऐसा रास्ता रखना

कड़ी मेहनत, निरंतर प्रयास,
जज़्बे जुनून की फ़क़त दास्तां रखना।
टूट जाओ पर खुद से वास्ता रखना,
तपता दिन, तड़पती रात,
अधूरा ख्वाब, खाली मन,
सब पीछे छूट जाए
आगे बढ़ते रहने का कोई ऐसा रास्ता रखना।

बहुत बेचैन है दिल

बहुत बेचैन है दिल.......
आज फिर जिंदगी की कहानी की शुरुआत करनी है.......

कैसी आदत पाल ली चाँद

मेरी माँ हर रोज अचरज से मुझसे पूछती है..
ये कैसी आदत पाल ली चाँद .....???
लोग लड़ के सब छीन लेते है
तुम हँस के सब छोड़ क्यों देती हो......????

संघर्ष रथ हमारे जीवन की कहानी

इक रोज़ नई कहानी लिखी जाएगी.....
ये सपनो की आगोश में तपती राते सुहानी लिखी जाएगी ......
ये अधूरे ख्वाब, उदास मन, टूटे सपने, देह की तपन,
खुद से खुद की लड़ाई सब गवाही देने आएंगे.....
जब संघर्ष रथ हमारे जीवन की कहानी लिखी जाएगी.।।

मुझे तन्हाई में ला के छोड़ दे

मेरे मन की क्या बिसात कि मेरी जिद्द को तोड़ दे....
किसी परिस्थिती में कहाँ इतनी औकात की मुझे तन्हाई में ला के छोड़ दे...

गुमशुदा रास्तों पर

गुमशुदा रास्तो पर अब डर नही लगता चलने से...
बिखरने से गुम जाने से अब डर नही लगता किसी जमाने से.......

पुरानी यादों का साया

रात का अंधेरा दिल मे घर कर रहा है
पुरानी यादों का साया फिर आज आंखे नम कर रहा है
मुझे मालूम नही मेरी कहानी का क्या अंजाम है
और यही असमंजस हर तरफ डर सा कर रहा है
आज फिर आंखे तारो को देख रही है |

लगता है आज फिर जमी पे कोई अपना खो रहा है
आंखे बंद करने की कोशिश बहुत की आज मैंने
पर यू लगता है हमें छोड़ आज सारा जहाँ सो रहा है
कितनी बेबस हो गयी तू अपनो के आगे
ये बात मेरा दिल मुझे बार बार कह के रो रहा है |

जब-जब चोट लगी

जब-जब चोट लगी मुस्कुरा के देखा है मैंने......
जिंदगी तू कुछ नही मेरे ज़िद के आगे,
जमाने को ये बता के देखा है मैंने....

फिर उसी का डंका होता है

बाधाओ का अंत नहीं है,
जीवन की आभाओ में....
अंधकार को कब पनाह मिली है,
सूरज की निगाहों में
त्याग समर्पण की वेदी पर,
जब बलिदान पतंगा (जुनून) होता है....
जग उजियारा कर देता है,
और फिर उसी का डंका होता है।।।

मुझसे मैं छूटी

ना जाने कितने शहर छूटे,
कितना घर छूटा कितने अपने छूटे कितना वहम टूटा
कुछ फोटो संभाल रखे है मैंने फोन की गैलरी में
ताकी याद रहे कि कितनी मुस्काने छूटी और कितना गुरूर टूटा

मैं भागती रही एक पराकाष्ठा की होड़ में
पीछे मुड़ के देखा तो लगा सर्वस्व छूटा
वो घर का दामन छूटा, खेत खलिहान और बचपन छूटा
वो बेबाक सी हँसी और पागलपन छूटा

मुझमें मेरा क्या बचा और क्या क्या छूटा
हिसाब लिख रही थी मैं साल के अंत में
किताब फेंक दी उठा के मैंने तब जब लगा
इस होड़ में खुद से मैं छूटी मेरा कलम छूटा
मेरा मोह छूटा, मेरी हंसी छूटी चुप्पी छूटी
या सच कहूँ तो मुझसे मैं छूटी।

अभी मैंने अपना शत प्रतिशत दिया नहीं

मुझे कोई शिकवा नहीं, कोई गिला नहीं
माना की बहुत कुछ अभी जिंदगी में मिला नहीं
हो सकता है कुछ प्रयास अभी मुझमे बाकी हो
हो सकता है अभी मैंने अपना शत प्रतिशत दिया नहीं
अभी तो पूरा आसमान बाकी है।

पाने और खोने को पूरा जहान बाकी है।
हे भगवन मुझमें कुछ उमंग रहने दो
दुनिया छूटे तो छूटे बस कुछ सम्बंध रहने दो
मैं रोज थोड़ा थोड़ा करके चढ़ सकूँ कुछ सीढ़ियाँ
मेरे दिल में इतनी आग और उसकी जलन रहने दो

मैं अपनी मौन माँ की चुप्पी पढ़ सकूँ
मुझमें इतनी काबिलियत और शरम रहने दो
मुझे नहीं मानना कि मेरे पिता अब मेरे करीब नहीं
मेरे कंधे पर उनके हाथों की थपथपाहट का भ्रम रहने दो

कुछ छीनना है मुझसे तो छीन लो गुरूर मेरा
पर मेरे आखों की शरम रहने दो
ऐसा ना हो की भूल जाऊँ मैं अस्तित्व अपना
इसलिए उड़ान दो, पर गिरने का भी वहम रहने दो।

जवाब लिखूँगी

अगर कभी लिखी किताब मैंने अपनी
तो कुछ अपने और परायों का हिसाब लिखूँगी
लोग कहते है मुझे बदलने के लिए
मैं आखिर ऐसी क्यों हूँ इसका जवाब लिखूँगी
लिखूँगी कुछ किस्से मैं जो कभी किसी को सुनाये नहीं
परिस्थितियाँ देख कैसे पलटती है ये दुनिया
इसकी कहानी मैं लाजवाब लिखूँगी।

अभी मौन हूँ मैं

अभी मौन हूँ मैं क्योंकि कुछ आत्मसार कर रही हूँ
मुझे रहने दो अकेले मैं खुद से कुछ संवाद कर रही हूँ
ये धरा ये गगन ये चाँद और सितारे मेरे साक्षी हैं
कि मैं कैसे रात को दिन और दिन को रात कर रही हूँ
मुझे अपनी सफाई में अब कुछ बोलने की जरूरत नहीं है
एक दिन मेरी कलम बोलेगी कि क्यों मैं अभी लिख
लिख के खाली अपनी दवात कर रही हूँ।

कितने मेरे ख्वाब मर गए

कभी कभी अकेले बैठ सोचती हूँ मैं
कितने मेरे ख्वाब मर गए रातों के अंधेरे में
कितनी मेरी नींद मर गयी दिन के उजियारे में
कितना मुझमें मैं मर गयी हालातों के सामियाने में
और कितनी मेरी हंसी मर गयी दिखावटी बन जाने में |

कैसे जिन्दगी बिताई है

छिड़ी रही वक्त से हमेशा मेरी लड़ाई है
किसी को क्या बताये कि कैसे जिन्दगी बिताई है।

मैं गिरी तो सही, पर झुकी तो नहीं

ये बदन का दर्द, ये आखों की नमी,
ये होठो पर हँसी पर जिंदगी में कुछ कमी
मुमकिन है मुझे मार डाले एक दिन ये चुप्पी मेरी
पर फक्र इस बात का है कि मैं गिरी तो सही, पर झुकी तो नहीं।

इतना शोर है मेरे आस पास

इतना शोर है मेरे आस पास कि मैं खुद को सुनाई नहीं दे रही
यूँ लगता है कहीं कैद हूँ किसी पिंजड़े में और खुद को दिखाई नहीं दे रही....

मै आइना पोंछ तो रही हूँ ,प्रतिबिम्ब ढूंढ तो रही हूँ
पर इन सब उलझनों में मेरे पास मेरी परछाई नहीं रहीं।

मैं वही हूँ जो मैं थी, या मैं वो नहीं, ये सब बातें तो गहरी हैं
पर क्या मुझमें वो गहराई नहीं रही .....

वो सारे सपने सामने हैं मेरे, जो गढ़ें थे मैंने पर सोच रही हूँ कैसे खरीदूँ उनको,
मेरे पास शायद मेरी कमाई नहीं रही |

समय की मार से गढ़ी हुई जो नक्काशियाँ थी मुझपे,
मुझे लगता है वो गढ़ाई नहीं रही ...

क्या इतनी कमजोर हूँ मैं , जो धागा धागा बिखर रही
क्या मैंने जो वर्षों तक खुद को सिला वो तुरपाई नहीं रही |

मै मौन हूँ, बेचैन हूँ मेरे अंदर एक शैलाब है,
मेरे कलम से स्याही बह रही है, वो मुझसे कुछ कह रही है।

मैं मुस्कुरा रही हूँ खुद को समझा रही हूँ
आइना पोछ रही हूँ प्रतिबिम्ब को जगा रही हूँ
परछाई को बुला रही हूँ ,मैं मुस्कुरा रही हूँ, मैं मुस्कुरा रही हूँ।।

मैं कौन हूँ

ढूंढ रही मैं अस्तित्व को
अपने छुपे व्यक्तित्व को
कौन हूँ मैं? कहाँ से आयी हूँ ?
पूछने पर हर बार खुद को विफल पायी हूँ
इसलिए सोची मैं एक दिन इस पर खूब
बैठ अंधेरे में उजाले से दूर
जिज्ञासा कौंध रही थी मन में ये
कौन हूँ में? और क्यों हूँ मैं ,यहाँ पर रे
उस समय ये मेरे लिए दुनिया का सबसे कठिन काम बन गया था ....

इन सवालों के जवाब लाने मेरा मन गया था
मिला मुझे ना उस दिन कुछ
बैठ अंधेरे में उजाले से दूर
फिर हर रोज मैं उत्तर ढूँढा करती थी
इसी अंधेरे में हर रोज घूमा करती थी
बैठी थी मैं एक दिन फिर इसी अंधेरे में
उजाले को खुद में छुपाये किसी सवेरे में
जिज्ञासा थी मन में फिर मेरे वही
जिस का उत्तर न था मेरे पास कहीं....

फिर तभी मेरे अंधियारे कमरे की खिड़की पर किसी ने प्रहार किया
तोड़ दिया हर कांच उसपर ऐसा वार किया
उस अंधेरे कमरे में फिर उजियारे का वास हुआ
जहाँ फैली थी सिर्फ जिज्ञासा वहाँ फिर उत्तरों का निवास हुआ ।।
जब देखा मैने उस उजियारे को
तब मैं का मुझको ज्ञान हुआ
जो मनका फेर फेर बिताये थे दिन मैंने
उसपर मुझको ग्लान हुआ
मैं हूँ शाश्वत आत्मा एक जिसे परमात्मा ने भेजा है....

करने हैं मुझे कुछ काम बड़े, फिर क्यों रिश्तों की रेखा है
मिटा इसे , तोड़ बंधनों को आगे बढ़ते जाना है
जो दुनिया की है बंदिशें उनकी चपेट में नहीं आना है
करनी है अगर दोस्ती उजाले से तो अंधेरे को भूलना होगा
छोड़ सारे बंधनों को उस अंधेरे कमरे से निकलना होगा
ज़िंदगी नहीं बितानी मनका - मनका फेर
इस बार मन को ही फेरना होगा
जवाब चाहिए अगर मैं का तो,
उस "मैं" को पहले छोड़ना होगा ।।

कुछ खामोशी है और सब खामोश है

कुछ नम आँखों की कहानी है
जो आज मुझे आपको सुनानी है
कुछ टूटे सपनो की झंकार है
और कुछ अपूर्ण प्यार की पुकार है
कुछ भारत की चीखती गरीबी है
कुछ गोदाम में सड़ते अनाज हैं
कहीं भूख से त्राही त्राही है
और कहीं ज्यादा होने से खाने से रूसवाई है
कुछ पैसों के पीछे मरते रिश्ते है
तो कुछ इंसान के रूप में फरिश्ते हैं
कुछ चाहत है, और कुछ थोड़ी थोड़ी चाह है
कुछ नफरत से पनपती दुश्मनी की ललकार है
कुछ पाने की इच्छा है,
तो कुछ पा पाकर बेहाल है
कुछ आँखों के नीचे नमी है
तो कुछ लबों पे लम्बी मुस्कान है
कुछ चीख है, दर्द है पुकार है,
कुछ शान्ती और ठहराव है
कहानी बड़ी लम्बी है
पर हमारे नेताओं के लिए अब भी ठण्डी है
कुछ रुकी रुकी जिंदगी है
तो कुछ तेजी है और रफ्तार है
कुचलने की परवाह नहीं
इस दौड़ में सब बदहवास है
कुछ बिलखती हुई खुशी है
तो कुछ पनपती मायूसी का आवास है
जिंदगी की आखरी साँस तक इंसान परेशान है
और फिर कुछ खामोशी है और सब खामोश है।

स्त्री

एक औरत की कहानी, उसकी ताकत

मेहंदी

मेहंदी सुहाग का प्रतीक होती है बेटी,
माँ ने उसको ये समझाया था,
जब वो खेलती थी बचपन में गुड्डे-गुडियों से,
तब माँ ने मेहंदी का मतलब बतलाया था। (1)

तब से स्वप्न संजोती थी वो पागल,
मेहंदी हाथों में रचायेगी,
अपने प्रिय का नाम वो,
उस मेंहदी में कहीं छुपायेगी। (2)

बनेगी दुल्हन वो भी एक दिन,
डोली में बैठ ससुराल वो जायेगी,
वो उस चढ़ी हुई मेंहदी की रंगत,
जितना ही प्यार वो, अपने प्रिय से पायेगी। (3)

हुई बड़ी वो धीरे-धीरे
हर सावन में मेंहदी के साथ
जिस बार न गाढ़ी चढ़ती थी मेंहदी,
हो जाती थी वो उदास। (4)

सोचती थी वो पगली,
देख मेंहदी के रगों को बार- बार,
इस बार नहीं चढ़ी यह मेंहदी,
कहीं मेरा प्रिय कम न कर दे, मेरे लिए अपना प्यार। (5)

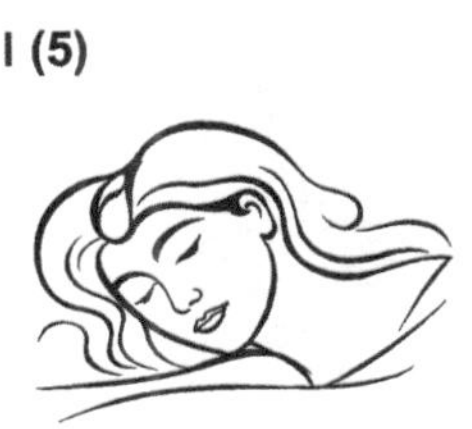

करूँ क्या मैं इस मेंहदी का,
कैसे आयेगा इसकी रंगत में निखार,
इस उधेड़ बुन में बीत गये उसके दिन और साल। (6)

आ गया मुहूर्त शादी का,
उड़ने वाली चिड़िया के दिन खत्म आज़ादी के
पर उसको कहाँ किसी उड़ान की फिक्र थी,
उसके लबों पे तो सिर्फ चढ़ती उतरती मेंहदी का जिक्र था। (7)

शरमाते हुए बोली वो मेंहदी सही से लगाना तुम,
ज़रा ढंग से मेरे प्रिय का नाम मेरे हाथों में छुपाना तुम,
और सुनो, बोली वो, फिर थोड़ा वो मुस्कुराई थी,
स्वप्न की शुरूआत मैंने देखी थी। (8)

होश उड़ गये मेरे तब,
जब सुनी मैंने यह खबर,
डोली उठी परसों जिसकी,
आज अर्थी उसकी आई है। (9)

दहेज दानव ने फिर एक जान आज खाई है।

हाथ देखा था मैंने उसका,
मेंहदी काली होकर चढ़ आई थी,
फिर भी उस प्रिय का प्यार पा न सकी वो,
जिसके नाम को वो हाथों में छुपा शरमाई थी। (10)

क्या अभिमानी हूँ मैं ?

माँ ये दुनिया समझती है,

अभिमानी हूँ मैं,

इन्हें कैसे समझाऊँ की तेरी लिखी कहानी हूँ मैं...

वो जो तूने मुझे बचपन में हज़रत महल,

लक्ष्मी बाई, रजिया की कहानियाँ सुनाई थी ना...

इन्ही को आदर्श मानने वाली एक,

छोटी सी युविका कलामी हूँ मैं।

आप तो जानते हो ना माँ ये रीति रिवाज,

सूट, साड़ी, गहने, गुड़िया और,

शहज़ादों के दबाव से कितना दूर भागती हूँ मैं।

ये समाज मुझे रोज़ तोलता क्यों है ?

अगर इनके सोच से परे की कहानी हूँ मैं।

बोलो ना माँ अगर लड़की हो के मैं,

इस समाज के बंधन को ना मानूँ,

तो क्या अभिमानी हूँ मैं.....??

लड़कियों की हथेलियां

लड़कियों की हथेलियां सिर्फ मेहन्दियों के लिए नही होती.....
बल्कि कलमों, काटारो और बन्दूको के लिए भी होती है.....

“मैं वो हूँ जिसे तुमने जाना नहीं
मैं वो हूँ जिसे तुमने पहचाना नहीं
मैं वो हूँ जिसे तुम अब जानोगे
मैं वो हूँ जिसे तुम जल्द पहचानोगे ।”

सम्मान नहीं समानता

कल रात को सोचा ये मैने, फिर पाया खुद को बेबस,
पुरुष करे तो सब स्वर्गिम, स्त्री के काम का ना कोई महत्व,
क्यों भूल गये हम गार्गी को, तुलसी, कबीर की यादों में,
अब भी रहते हैं नाम पुरुषों के, स्त्री को बन्द कर कपाटों में। (1)

राणा के घोड़े की कर ली बात, अकबर का भी तो गीत गाया है,
क्यों इन सब के बीच कभी, झाँसी वाली रानी का नाम नहीं आया है।
क्यों दुष्यंत की, की हुई गलती की शकुन्तला ने की भरपाई,
सारा लांछन शकुन्तला पे, क्यों दुष्यंत पे उंगली नहीं उठाई। (2)

क्यों सीता की ही अग्निपरीक्षा,
जबकि राम ने भी तो वनवास अकेले बिताई,
अगर कहते हो कि छोड़ूँ बातें पुरानी, बिसरी यादों की,
तो आओ नया समाज दिखाऊँ, जहाँ कोई महत्व नहीं है स्त्री के बातों की। (3)

इक्कीसवी सदी में रहते हैं हम, कहते हैं खुद को मॉडर्न,
स्त्री पर अत्याचार अरे! यही है यहाँ का चलन।
रोज होते हैं बलात्कार सड़क, गली, चौराहों पर,
ये सब देख राही चलते रहते हैं अपनी राहों पर। (4)

अखबार के हर पन्ने पर लिखी होती है स्त्री को बेबसी,
जिसे चाय की चुस्कियों के साथ हर मॉडर्न मनुष्य ने है पढ़ी।
बलात्कार अब लगता है शब्द हो गया जाना पहचाना,
हर रोज किसी बेटी की चीख से हिलता है ये जमाना। (5)

अब भी बेटी को पिता कहता है अपने कंधे का भार.
ये तो होना ही है जब तक रहेगा दहेज प्रथा का बुखार,
आगे लिखूँ मैं क्या समझ नहीं आता है,
इन कुरीतियों को देख दिल रुआसा सा हो जाता है। (6)

पूछती हूँ मैं आप सबसे ये कि कैसा है ये दस्तूर,
क्या इन सबमें बेटी होना है कसूर,
हमें सम्मान की आस नहीं, समानता ढूँढ़ा करते हैं,
किसी गहने की प्यास नहीं बल्कि चारदीवारियों में टूटा करते हैं। (7)

अरे! हम भी तो है नये परिंदे पंख फहराने का दो मौका,
भरनी है ऊँची उड़ान आरम्भ का तो दो मौका॥ (8)

मिश्रित कविताएं
अंतिम पड़ाव

एक देश था

एक देश था वीर जवानों का.
अलबेलों का मस्तानों का।

जिसे सोने की चिड़िया कहते थे,
जिसके कण-कण में ईश्वर रहते थे।

जिसके इतिहास में स्वर्णिम कहानी थी,
जहां से दुनिया ने शून्य की परिभाषा जानी थी।

चक्रवर्ती अशोक का जो ठिकाना था,
जहां का रहन-सहन दुनिया में जाना-माना था।

जहां की संस्कृति अपरम्पार थी,
जहां पर ईश्वर की कृपा अपार थी।

एक बार हुआ आक्रमण उस देश पे,
जब दुश्मन अंग्रेज घुस आये मित्रों के भेष में।

पहले दिया लालच व्यापार का,
फिर किया वार, छोड़ दिया देश को लाचार सा।

ये तो उस देश की अखण्डता का प्रभाव था,
या फिर यूं कहूं कि वहां के वीरों के अन्दर का भाव था।

हुए एकजुट लड़ी लड़ाई, अरे! हुए एकजुट लड़ी लड़ाई,
लिखा गया इतिहास जिसकी गाथा पूरी दुनिया ने गायी।

क्या हिन्दु, क्या मुसलमान,
सब लड़ रहे थे बने उस देश के इन्सान।

स्वतंत्रता की नई परिभाषा उस युग में लिखी गई थी,
नवयुग की शुरूआत की आकांक्षा हर ओर देखी गई थी।

अब तो हर आँखों में एक ही सपने का साया था।
बनायेंगे नया आशियाँ हर ओर यह खुमार छाया था।

हिन्दु, मुस्लिम, सिख, ईसाई
सब उस देश में, उस वक्त थे जैसे भाई-भाई

पर हर कहानी का अंत सुखद हो,
ये भी तो कहीं लिखा नहीं।

इसलिए शायद आज़ादी के हीरो का कुरूप
चेहरा किसी को दिखा नहीं।

देश में उस समय राजनीतिक दलों का बोलबाला था,
सब से सर्वोपरि बनने का एक अजब गुरूर छाया था।

अब तक देखा था उनका सुखद चेहरा,
पर सब मुखौटे हटाने की बारी थी।

सब को यह देश चाहिए था,
सब ने राजा बनने की कर ली पूरी तैयारी थी।

लगी राजगद्दी एक थी,
राजतिलक का वक्त था।

समय-समय की बात है
और उस समय कुछ ऐसे हालात थे

पुरोहित जी खाँसे थोड़ा सा और किया अपने चश्मे को ठीक
डन्डे के सहारे खड़े होकर धोती को पकड़ते हुए दिये वो चीख।

बोले वो अब नये देश का निर्माण होगा
जहां हर ओर प्रगति और उत्थान होगा।

मैं कुंवर को राजगद्दी सौपूंगा
और फिर हर ओर खुशियों का भंडार होगा।

कुंवर ने एक-एक कदम बढ़ाया और पहुंच गये राजगद्दी के पास
पलट कर देखा पुरोहित को, चेहरे पर लाते हुए। मुस्कानों के भाव।

पर कुछ ही देर में उनके चेहरे की मुस्कान सन्न हो गयी
देखा अपना प्रतिद्वंदी तो सारी उत्सुकता भंग हो गयी।

छिड़ा युद्ध राजगद्दी का हालात गंभीर हो गये
पुरोहितजी कुंवर को साथ लिए लाठी से स्थिर हो गये

प्रतिद्वंदी ने कहा कराओ मेरा राज्याभिषेक
कुंवर ने कहा अरे! मूर्ख तुझे क्या लगता है मैं कर दूंगा ये देश तुझको भेंट।

प्रतिद्वंदी को आया क्रोध,
कहा मैं फिर करूंगा पैदा तुम्हारे मार्ग में अवरोध

कुंवर ने भी कह दिया हमको कोई गम नहीं
जा जो करना है कर ले हम भी किसी से कम नहीं।

प्रतिद्वंदी ने की मांग देश के बंटवारे की,
कुंवर हो गये झट राजी राजगद्दी के मोह में,

पुरोहित ने मौन धारण किया,
और जनता थी क्रोध में।

मार काट शुरु हुई देश के बंटवारे के नाम पर,
लाशों का तांता लगा राजगद्दी की शान पर

मरने वालों की गिनतियों में बढ़ोत्तरी शुरू हुई।
अमन वाले देश में खून की होली मनी।

चीखों से तब गगन गूँजने लगा था
एक राजगद्दी के मोह में क्या-क्या होने लगा था

करोड़ों की संख्या में मारे गये थे,
उस समय जानवरों के भांति काटे गये थे।

तब की बात तब थी, पर आज भी देश झेल रहा है
उसका ही पड़ोसी देश उसके साथ कैसा खेल-खेल रहा है।

रोज बम फटना, हजारों का मरना आम बात हो गई है,
एक राजगद्दी के चक्कर में क्या दशा हो गई है।

पर अब भी लोग कहते हैं,
एक देश था वीर जवानों का, अलबेलों का मस्तानों का।

कश्मीर

हमें आज एक दास्ताँ सुनानी है,
सोती हुई जनता को भारत की जन्नत दिखानी है।

कश्मीर आज आप के सामने चीख-चीख के बोलेगा
अपने सारे दर्द और घाव आज वो आपके सामने खोलेगा।

एक बम अगर कहीं और गिरे तो पूरा भारत दहल जाता है,
सुलगती है आँखें और मोमबत्ती लेकर आम नागरिक सड़कों पे निकल जाता है।

पर यही बम जब कश्मीर में गिरते हैं,
न दिल दहलता है न आँखें सुलगती हैं।

बस अखबार के पन्ने पर एक खबर निकली होती है,
आज कश्मीर में फिर बम गिरा पड़ोसियों की यह गलती है।

किसी को वहाँ मरने वालों की कतार नज़र नहीं आती
दिल में दहकती हुई आग नज़र नहीं आती।

क्या वहाँ के बच्चे मासूम नहीं होते ?
क्या उनकी आँखों में कभी ख़्वाब नहीं पलते ?

क्यों कश्मीर में अब शांति का वास नहीं है,
त्राहि-त्राहि और प्रलय का आवास यही है।

जवाब कौन देगा, अरे! जिम्मेदारी किसकी है,
कुछ का कहना है कि धारा 370 की वजह से स्थिति ऐसी है।

थोड़ी सहमति तो हम भी जताते हैं,
अगर कश्मीर अपना है तो धारा 370 क्यों लगाते है।

देश में झंड़ा कहीं गलती से गिरे तो वबाल हो जाता है,
पर कश्मीर में कुचला जाता है तो किसी को नज़र भी नहीं आता है।

कश्मीर की बर्फ आज भी सुर्ख लाल है,
कभी सेना के खून से तो कभी मासूमों के खून से तार-तार है।

ऐसे में इस जन्नत का विकास कैसे होगा,
जिस प्रगति की तलाश है उसका आधार क्या होगा।

क्या हम इसे पड़ोसियों से छीन कर नहीं ला सकते
अगर यह अपना है तो क्यों इसे दिल खोलकर अपना नहीं सकते।

इसकी वादियाँ अभी भी चीख-चीख कर पुकार लगाती हैं,
हमसे थोड़ी सी शांति की गुहार लगाती हैं।

अब तो बख्श दो हमे ये कश्मीर आज कहता है,
अरे ! शांति से जीने का अधिकार हमारा भी तो बनता है।

बारिश

आओ तुम्हें मैं आज बारिश की कथा सुनाती हूँ,
उसकी हर बूँद का महत्त्व संक्षेप में तुम्हें बताती हूँ।
इसकी हर बूँद हमें एक नई सीख सिखलाती है,
धरा की गर्मी को खुद भाप बनके बुझाती है।

ये वो बारिश की बूँद हैं जो नदी को सूखने से बचाती है,
किसी दूसरे की शीतलता के खातिर खुद गगन से धरा पे गिर जाती है
नहीं करती है ये भेद भाव, सबको शीतलता पहुँचाती है।
गंगा में भी उतनी ही बूँदें, जितनी मरुस्थल में गिराती है।

बाँटते हैं हम मनुष्य ये बँटवारे को मिटाती है,
एक भाई के घर में भी उतना ही पानी जितना दूसरे के घर पहुंचाती है।
बारिश की ये बूँदें हमे ना जाने क्या-क्या सिखलाती है,
ध्यान से देखो इनको तो जीने का नया तरीका बतलाती है।

छोटे से पौधे के लिए अपना अस्तित्व ये मिटाती है,
उसको अंकुरित करने के लिए खुद मिट्टी में मिल जाती है।
शायद ये इनके बड़प्पन का ही नतीजा है,
कि मोर जैसा पंछी भी करता इनकी पूजा है।

इनके दीदार से ही सावन का त्योहार शुरु हो जाता है।
बाँट ले हम इस धरती को चाहे जितने ही देशों में,
नहीं कम होती इसकी महत्ता किसी भी प्रदेशों में।
इसके पता नहीं कितने कार्य हमारे जीवन पर भारी हैं,
सच तो ये है कि हम मनुष्य बारिश के आभारी हैं।

अस्मिता (मर्यादा)

सुनो! दुनिया को जो लगता हो, लगता रहे,
सच ये है कि अपनी माँ की नौ महीने की तपस्या हूँ मैं,
इस समाज को क्या यकीन दिलाना,
सच बताऊँ अपने बापू का मान-सम्मान और
घर की अस्मिता (मर्यादा) हूँ मैं... ।

क्यों मेरे कलम की भाषा चांद

दिन की **तपिश** से यह बचाता चांद....
रातों में यह **खिल** खिलाता चांद ......
कितने **रंग** संजोए बैठा यह चांद .....
किसी के लिए **अंधियारे** का उजाला चांद...
तो किसी के लिए **खुशी** का ठिकाना चांद...
प्यार में **पागल** दिल का सहारा चांद...
टूटे **दिल** का नजारा चांद....
दागों को **ओढ़े** हुए भी सौंदर्य की **परिभाषा** चांद...
रोज मेरे **पन्नों** पर उभरता और **छिप** जाता चांद....
इसलिए मेरे **एहसास** की एक मात्र **भाषा** चांद.....|

आभार

मैं दिल से धन्यवाद देना चाहती हूँ
उन सभी लोगों को,
जिन्होंने मुझे लिखने के लिए प्रेरित किया,
मेरे हर एहसास को समझा
और मुझे खुद से मिलने का मौका दिया।

लेखिका के बारे में

लेखिका अस्मिता सिंह मूल रूप से उत्तर प्रदेश के देवरिया की निवासी हैं। एक अत्यंत साधारण परिवार में जन्मी अस्मिता अपने परिवार की सबसे बड़ी संतान हैं। उन्होंने हमेशा अपने कर्तव्यों को इस तरह निभाया कि घर में बड़े बेटे की कमी कभी महसूस नहीं होने दी।

बचपन से ही पढ़ाई के प्रति उनकी गहरी लगन और समाज के लिए कुछ करने का जज़्बा उन्हें निरंतर आगे बढ़ाता रहा।

उन्होंने गणित विषय में स्नातक की शिक्षा तथा अर्थशास्त्र में परास्नातक किया। इसके पश्चात राज्य सरकार और भारत सरकार को अपनी सेवाएँ देते हुए उन्होंने अपने परिवार की सभी जिम्मेदारियों का सफलतापूर्वक निर्वहन किया। वर्तमान में वे एक समर्पित सीजीएसटी और सीमा शुल्क निरीक्षक (CGST and Custom Inspector) के रूप में कार्यरत हैं और साथ ही शिक्षा के क्षेत्र में निरंतर अध्ययनरत है ।

लेकिन उनकी पहचान केवल एक सरकारी अधिकारी तक सीमित नहीं है। उनके भीतर एक ऐसी दुनिया भी बसती है जहाँ शब्द केवल लिखे नहीं जाते, बल्कि साँस लेते हैं। दसवीं कक्षा में पहली बार कलम उठाने वाली वह शांत-सी लड़की शायद तब नहीं जानती थी कि वह केवल कविताएँ नहीं लिख रही, बल्कि अपने ही एहसासों को शब्द दे रही है। अस्मिता मानती हैं कि कविता केवल शब्दों का मेल नहीं, बल्कि दिल के उन अनकहे जज़्बातों की आवाज़ है जिन्हें हम अक्सर महसूस तो करते हैं, पर कह नहीं पाते।

साहित्य की छात्रा न होने के बावजूद, अपनी मेहनत, संवेदनशील सोच और भावनाओं की सच्चाई के बल पर उन्होंने अपनी पहली काव्य कृति के माध्यम से पाठकों तक अपने मन की दुनिया पहुँचाने का एक सुंदर प्रयास किया है। उनके लिए लेखन केवल एक कला नहीं, बल्कि उनकी रूह की आवाज़, उनकी पहचान और उनके अस्तित्व का सबसे सच्चा रूप है।

लेखिका से जुड़ने के लिए :

Youtube: @ChandKiKalamSe
Instagram: @chandkikalamsebyasmita
@asmitasingh1947
Email: asmitasingh1947@gmail.com

www.ingramcontent.com/pod-product-compliance
Lightning Source LLC
LaVergne TN
LVHW101440200926
848483LV00001B/4